der Stift

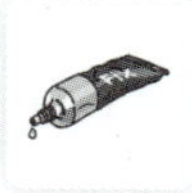
der Kleber

der Pinsel

die Tasche

die Schere

das Buch

das Heft

das Lineal

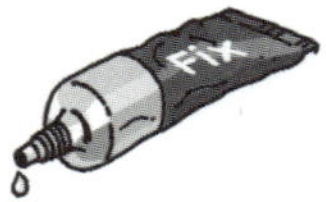

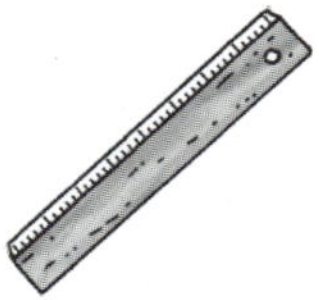

der Kleber

der Pinsel

der Stift

die Schere

die Tasche

das Heft

das Lineal

das Buch

Kleber	der	Buch
Lineal	die	Stift
Tasche	das	Schere
Pinsel		Heft

der	die	das
der Kleber	die Tasche	das Lineal
der Pinsel	die Schere	das Buch
der Stift		das Heft

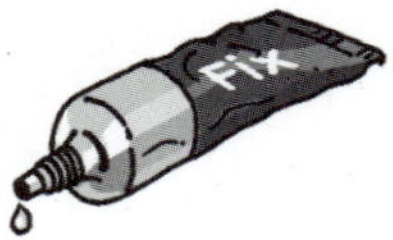

☒ der Kleber

☐ der Stift

☒ der Stift

☐ der Pinsel

☐ die Tasche

☒ die Schere

☐ die Schere

☒ die Tasche

☒ das Buch

☐ das Lineal

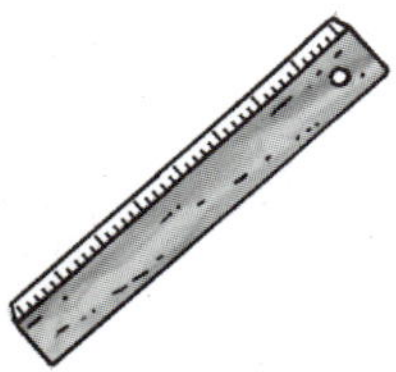

☒ das Lineal

☐ das Heft

der Tisch

der Stuhl

der Computer

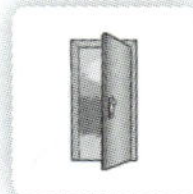
die Tür

die Tafel

das Fenster

das Bild

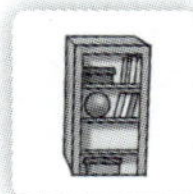
das Regal

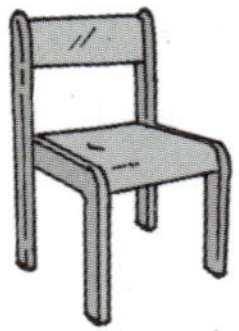

der Tisch

der Stuhl

der Computer

die Tür

die Tafel

das Fenster

das Regal

das Bild

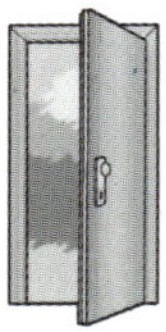

Regal	der	Stuhl
Tisch	die	Fenster
Tür	das	Tafel
Computer		Bild

der	die	das
der Tisch	die Tür	das Regal
der Computer	die Tafel	das Fenster
der Stuhl		das Bild

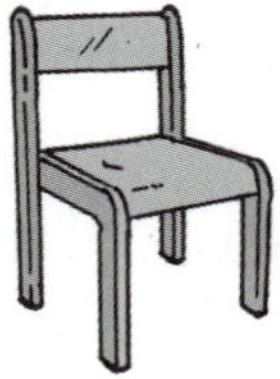

- ☐ der Kleber
- ☒ der Stuhl

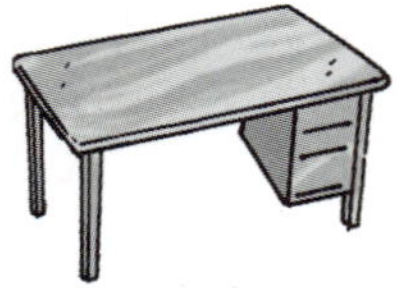

- ☒ der Tisch
- ☐ der Computer

- ☒ die Tür
- ☐ die Tafel

- ☐ die Tasche
- ☒ die Tafel

- ☐ das Fenster
- ☒ das Regal

- ☒ das Bild
- ☐ das Buch

1 eins	2 zwei	3 drei	4 vier	5 fünf
6 sechs	7 sieben	8 acht	9 neun	10 zehn

1	eins	eins	6	sechs	sechs
2	zwei	zwei	7	sieben	sieben
3	drei	drei	8	acht	acht
4	vier	vier	9	neun	neun
5	fünf	fünf	10	zehn	zehn

1	2	3	4	5
eins	fünf	drei	zwei	vier
neun	sechs	zehn	sieben	acht
6	7	8	9	10

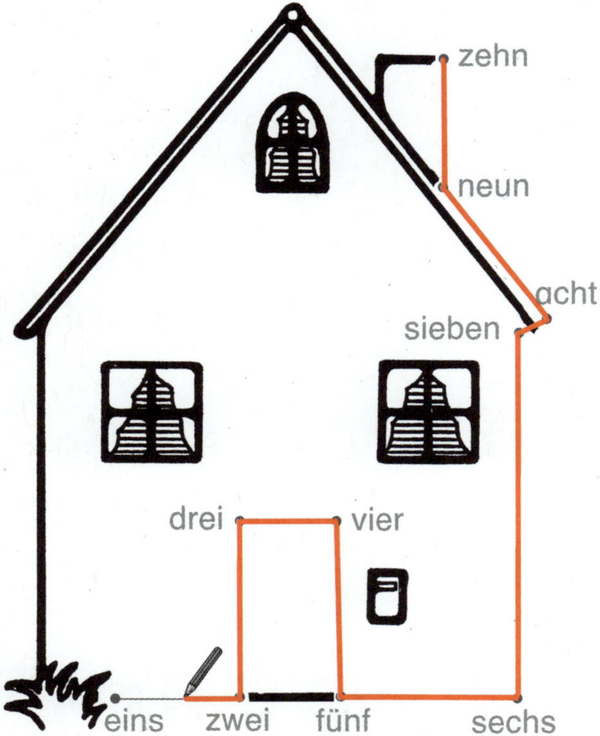
zehn
neun
acht
sieben
drei
vier
eins
zwei
fünf
sechs

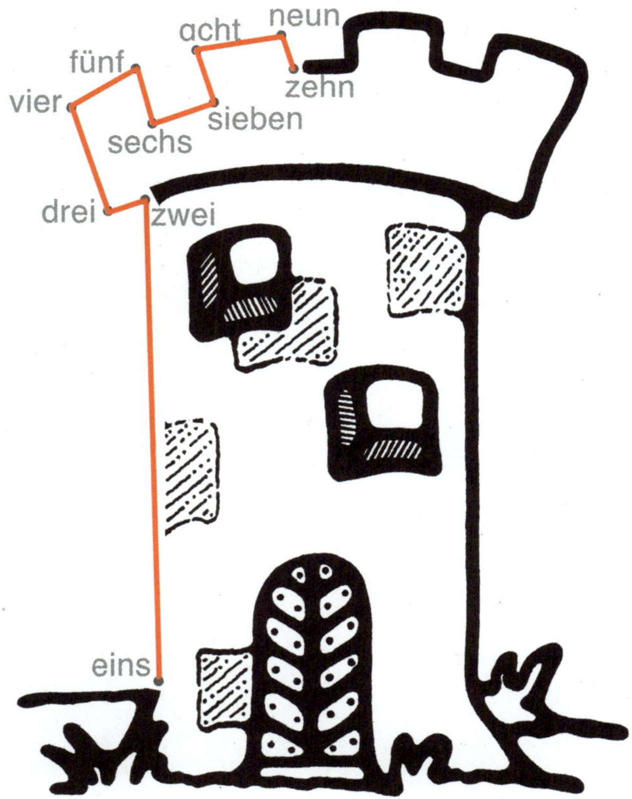
neun
acht
fünf
vier
zehn
sieben
sechs
drei
zwei
eins

☒ sieben
☐ fünf
☐ eins

☐ vier
☒ acht
☐ neun

☒ sechs
☐ drei
☐ acht

☐ zwei
☐ sechs
☒ vier

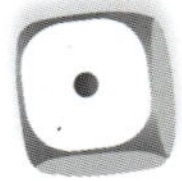

☒ eins
☐ zehn
☐ drei

☐ sieben
☒ zehn
☐ fünf

☐ neun
☒ zwei
☐ drei

☐ sechs
☒ fünf
☐ zwei

☐ vier
☐ sechs
☒ drei

☐ acht
☐ zehn
☒ sieben

☐ fünf
☐ eins
☒ neun

☐ acht
☒ vier
☐ fünf

der Schuh

der Pullover

der Strumpf

die Mütze

die Jacke

die Hose

das T-Shirt

das Kleid

der Strumpf

der Schuh

der Pullover

die Hose

die Jacke

die Mütze

das Kleid

das T-Shirt

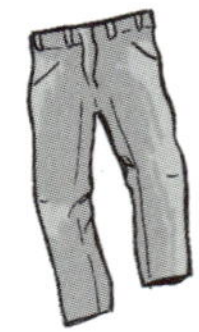

Kleid	der	Hose
Strumpf	die	Pullover
Mütze	das	T-Shirt
Schuh		Jacke

der	die	das
der Strumpf	die Mütze	das Kleid
der Schuh	die Hose	das T-Shirt
der Pullover	die Jacke	

☐ sieben Hefte
☒ zwei Hosen
☐ zwei Tische

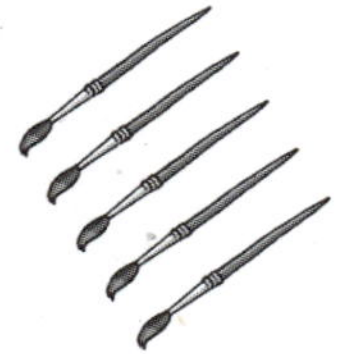

☐ neun Pinsel
☐ neun Computer
☒ fünf Pinsel

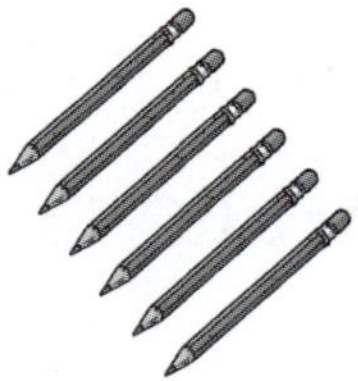

☐ acht Stifte
☐ sechs Bilder
☒ sechs Stifte

☒ drei T-Shirts
☐ zehn Regale
☐ drei Scheren

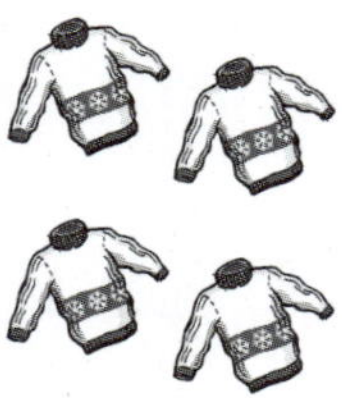

☐ vier Fenster
☐ acht Regale
☒ vier Pullover

☐ eine Schere
☐ acht Tafeln
☒ eine Tafel

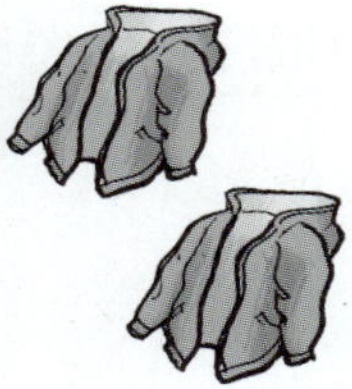

☐ zehn Bücher
☒ zwei Jacken
☐ zwei Türen

☒ vier Kleider
☐ acht Kleider
☐ vier Hefte

☐ sieben Kleber
☐ zwei Bilder
☒ zwei Mützen

☐ ein Stuhl
☐ sieben Pullover
☒ ein T-Shirt

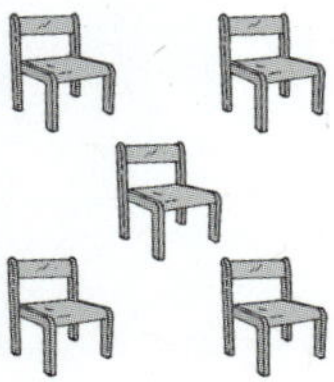

☐ drei Pullover
☐ fünf T-Shirts
☒ fünf Stühle

☐ neun Schuhe
☐ neun Fenster
☒ sechs Schuhe

	das Heft		die Hefte	e
	der Schuh		die Schuhe	e
	der Tisch		die Tische	e
	der Stift		die Stifte	e
	die Schere		die Scheren	n
	die Mütze		die Mützen	n
	die Hose		die Hosen	n
	die Jacke		die Jacken	n

der Schrank

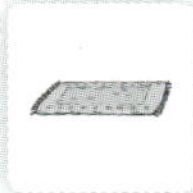
der Teppich

die Blume

die Lampe

die Uhr

das Bett

das Sofa

das Kissen

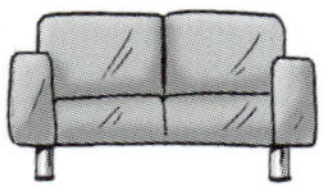

der Schrank

der Teppich

die Uhr

die Lampe

die Blume

das Sofa

das Bett

das Kissen

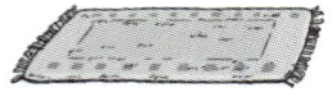

Lampe	der	Blume
Kissen	die	Bett
Uhr	das	Schrank
Teppich		Sofa

der	die	das
der Teppich	die Lampe	das Kissen
der Schrank	die Uhr	das Bett
	die Blume	das Sofa

- ☐ ein Schrank
- ☐ ein Teppich
- ☒ ein Pinsel

- ☐ ein Pullover
- ☒ ein Computer
- ☐ ein Teppich

- ☐ eine Lampe
- ☒ eine Uhr
- ☐ eine Blume

- ☐ eine Tür
- ☐ eine Tafel
- ☒ eine Blume

- ☒ ein Bett
- ☐ ein Bild
- ☐ ein Sofa

- ☐ ein Kissen
- ☐ ein Fenster
- ☒ ein Regal

☐ ein Tisch
☐ ein Teppich
☒ ein Schrank

☐ ein Computer
☒ ein Kleber
☐ ein Schrank

☐ eine Schere
☒ eine Tafel
☐ eine Tür

☐ eine Uhr
☐ eine Lampe
☒ eine Tasche

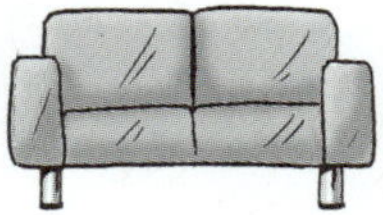

☒ ein Sofa
☐ ein Heft
☐ ein Bett

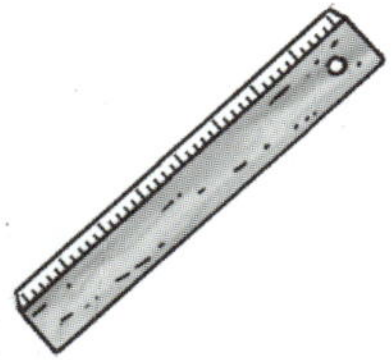

☐ ein Bett
☐ ein Kissen
☒ ein Lineal

☐ Das ist ein Kleid.
☒ Das ist eine Hose.

☐ Das ist eine Mütze.
☒ Das ist ein T-Shirt.

☒ Das ist eine Jacke.
☐ Das ist ein Teppich.

☐ Das ist eine Tasche.
☒ Das ist ein Pullover.

☐ Das ist ein Teppich.
☒ Das ist ein Bett.

☒ Das ist ein Kleid.
☐ Das ist ein Schuh.

☐ Das ist ein Strumpf.
☒ Das ist ein Kissen.

☒ Das ist eine Uhr.
☐ Das ist eine Jacke.

Das ist ein Kleid.

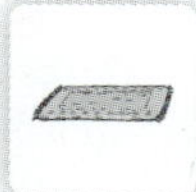
Das ist ein Teppich.

Das ist eine Tür.

Das ist ein Kissen.

Das ist ein Pinsel.

Das ist eine Lampe.

Das ist ein Sofa.

Das ist eine Blume.

Das ist eine Uhr.

Das ist ein Tisch.

Das ist ein Bild.

Das ist eine Mütze.

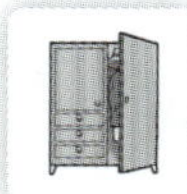
Das ist ein Schrank.

Das ist eine Jacke.

Das ist eine Hose.

Das ist ein Bett.

Das ist ein Bild.

Das ist eine Lampe.

Das ist eine Mütze.

Das ist eine Blume.

Das ist ein T-Shirt.

Das ist ein Fenster.

Das ist ein Pullover.

Das ist ein Strumpf.

rot orange gelb

weiß schwarz

grün blau braun

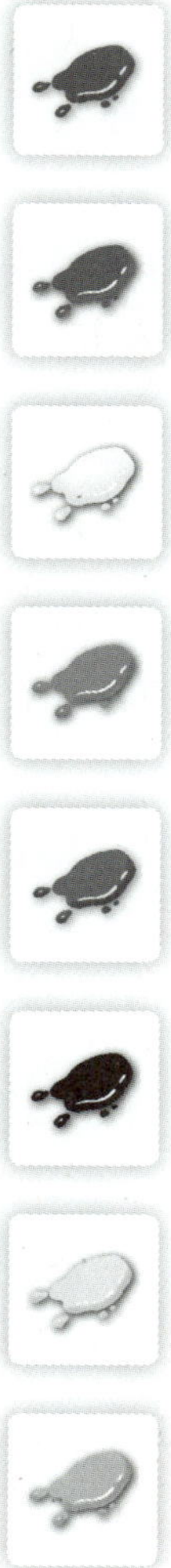

braun

blau

weiß

grün

rot

schwarz

gelb

orange

blau
weiß
gelb
orange
rot

	blau	blau	blau
	schwarz	schwarz	schwarz
	gelb	gelb	gelb
	braun	braun	braun
	grün	grün	grün
	weiß	weiß	weiß
	orange	orange	orange
	rot	rot	rot

Der Strumpf ist rot.

Der Schuh ist grün.

Das Kleid ist orange.

Der Schuh ist braun.

Die Tasche ist braun.

Das T-Shirt ist gelb.

Das Sofa ist blau.

Das Sofa ist orange.

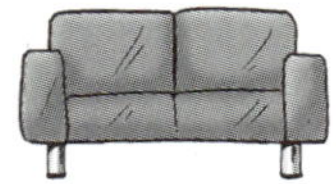

Das Kissen ist rot.

Der Kleber ist blau.

Das Lineal ist gelb.

Der Schrank ist grün.

Das T-Shirt ist weiß.

Das Kleid ist braun.

Die Schere ist orange.

Die Mütze ist schwarz.

Male eine orange Hose.

Male drei rote Mützen.

Male fünf grüne Hefte.

Male zwei gelbe Blumen.

Male vier braune Tische.

Male sechs blaue Stifte.

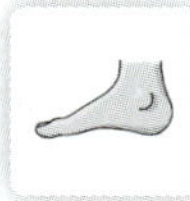
der Fuß

der Kopf

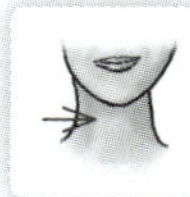
der Hals

der Finger

der Arm

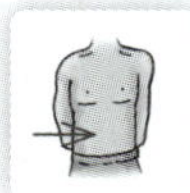
der Bauch

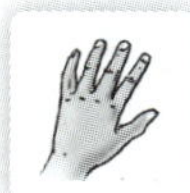
die Hand

das Bein

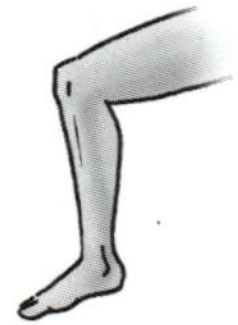

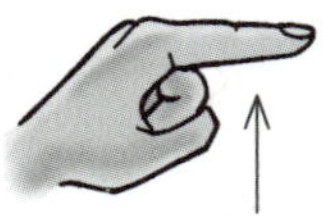

der Hals

der Finger

der Kopf

der Bauch

der Arm

der Fuß

die Hand

das Bein

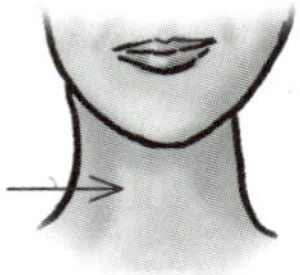

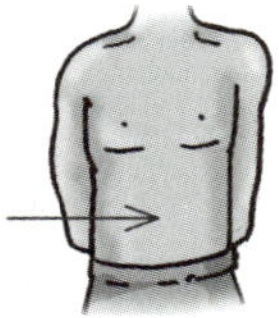

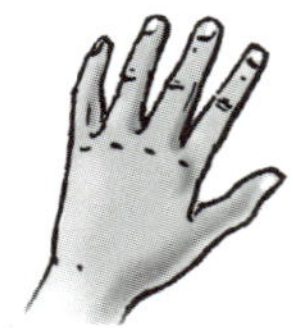

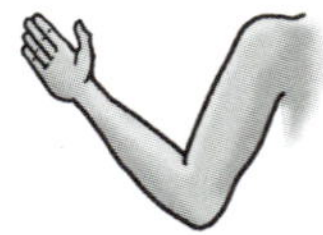

Hand	der	Hals
Finger	die	Bein
Kopf	das	Bauch
Arm		Fuß

der	der	die
der Finger	der Hals	die Hand
der Kopf	der Bauch	**das**
der Arm	der Fuß	das Bein

	der Arm	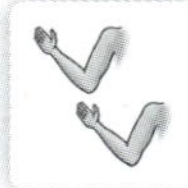	die Arme	e
	das Lineal		die Lineale	e
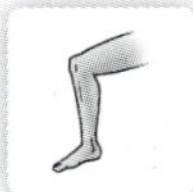	das Bein		die Beine	e
	das Regal		die Regale	e
	das Kissen		die Kissen	=
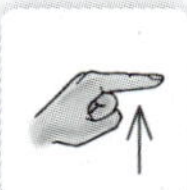	der Finger		die Finger	=
	der Pullover		die Pullover	=
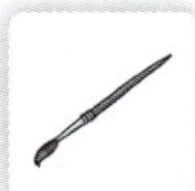	der Pinsel	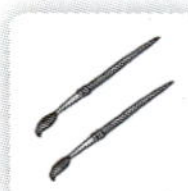	die Pinsel	=

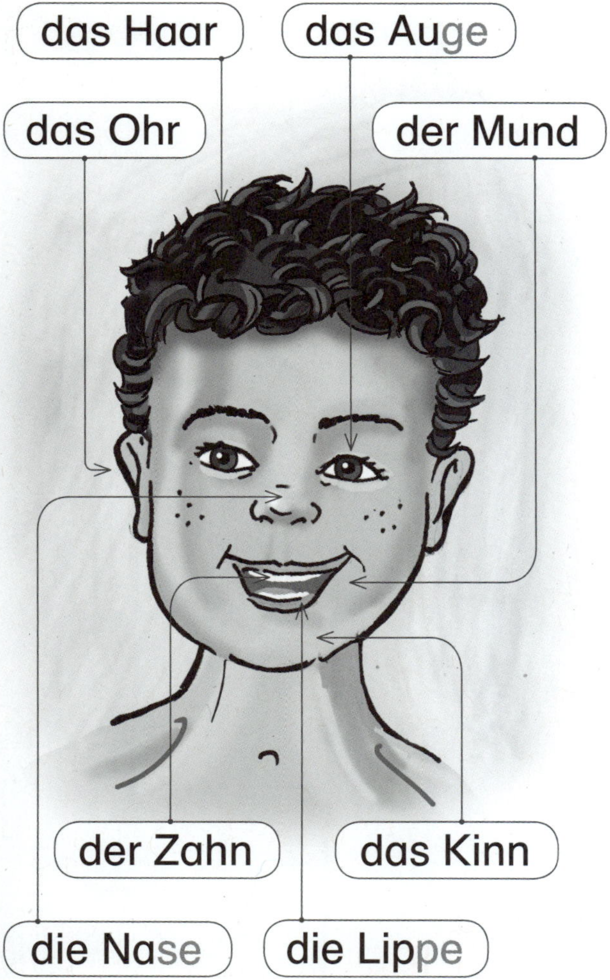

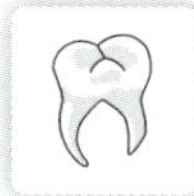
der Zahn

der Mund

die Nase

die Lippe

das Haar

das Ohr

das Auge

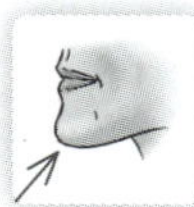
das Kinn

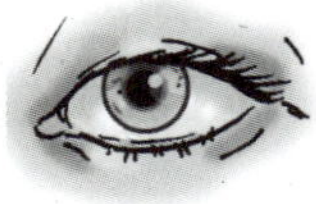

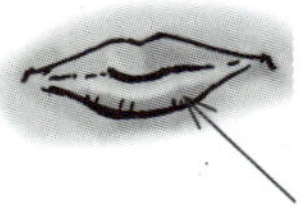

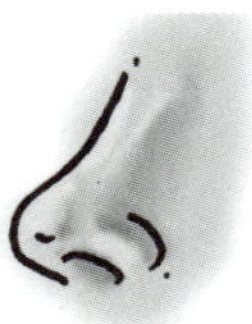

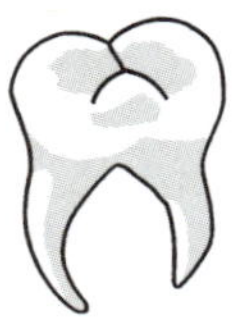

der Zahn

der Mund

die Nase

die Lippe

das Haar

das Kinn

das Ohr

das Auge

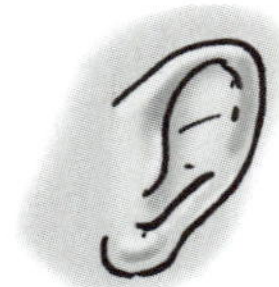

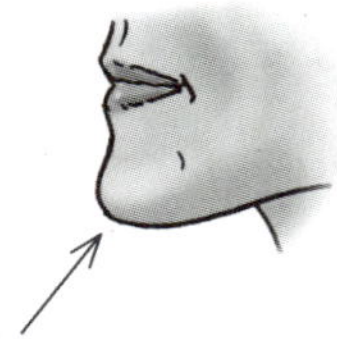

Lippe	der	Ohr
Zahn	die	Mund
Haar	das	Auge
Nase		Kinn

der	das	die
der Zahn	das Haar	die Lippe
der Mund	das Ohr	die Nase
	das Auge	
	das Kinn	

 der Schrank — 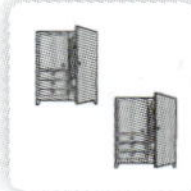 die Schränke (a → ä, e)

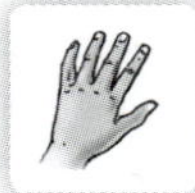 die Hand — 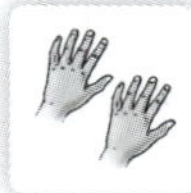 die Hände (a → ä, e)

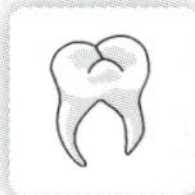 der Zahn — 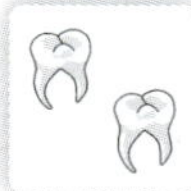 die Zähne (a → ä, e)

 der Stuhl —  die Stühle (u → ü, e)

 der Strumpf — 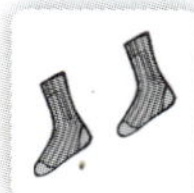 die Strümpfe (u → ü, e)

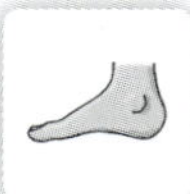 der Fuß —  die Füße (u → ü, e)

 der Kopf —  die Köpfe (o → ö, e)

 das Buch —  die Bücher (u → ü, er)

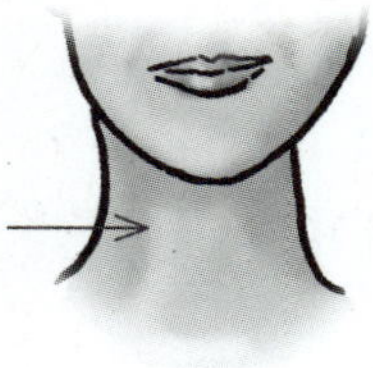

- ☐ ein Bauch
- ☐ ein Finger
- ☒ ein Hals

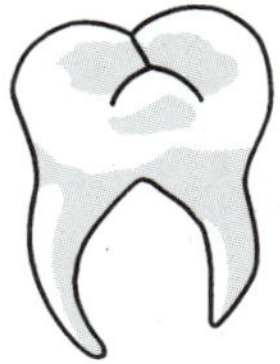

- ☐ ein Kopf
- ☐ ein Mund
- ☒ ein Zahn

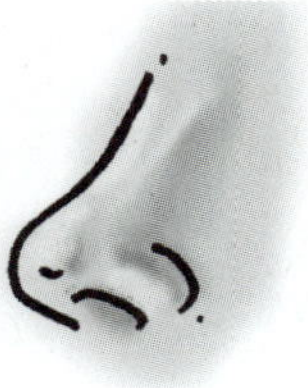

- ☐ eine Lippe
- ☒ eine Nase
- ☐ eine Tür

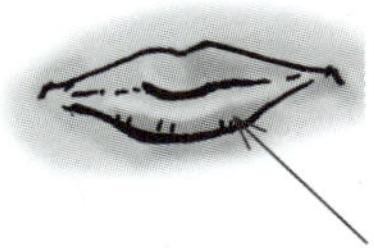

- ☐ eine Uhr
- ☒ eine Lippe
- ☐ eine Nase

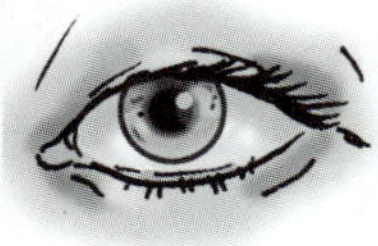

- ☒ ein Auge
- ☐ ein Kinn
- ☐ ein Haar

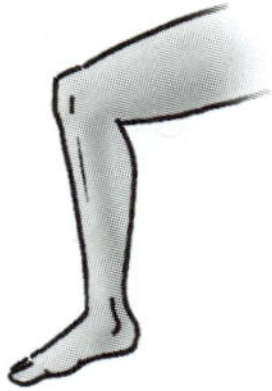

- ☐ ein Kinn
- ☐ ein Ohr
- ☒ ein Bein

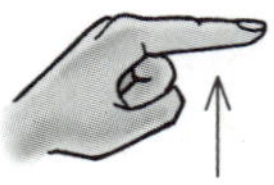

☒ Das ist ein Finger.
☐ Das ist kein Finger.

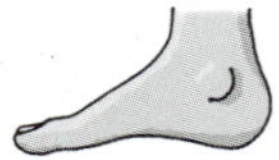

☐ Das ist kein Fuß.
☒ Das ist ein Fuß.

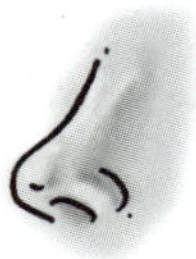

☐ Das ist ein Mund.
☒ Das ist kein Mund.

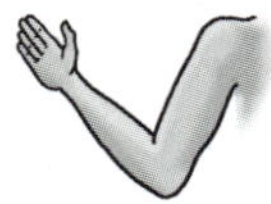

☒ Das ist ein Arm.
☐ Das ist kein Arm.

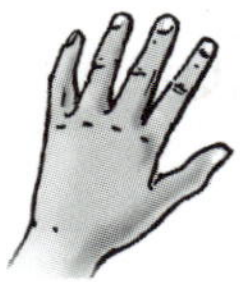

☒ Das ist eine Hand.
☐ Das ist keine Hand.

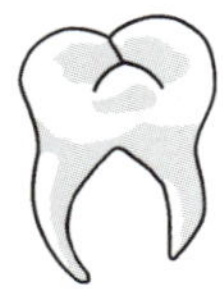

☐ Das ist eine Nase.
☒ Das ist keine Nase.

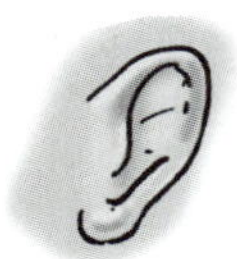

☒ Das ist kein Auge.
☐ Das ist ein Auge.

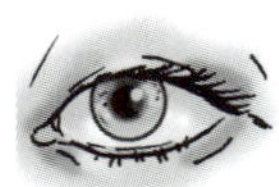

☒ Das ist kein Ohr.
☐ Das ist ein Ohr.

Das ist kein Bauch.

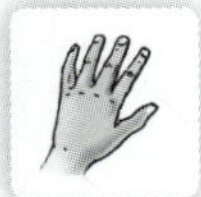

Das ist keine Nase.

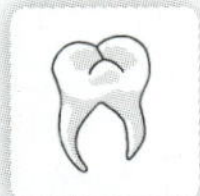

Das ist kein Bein.

Das ist kein Finger.

Das ist kein Auge.

Das ist keine Lippe.

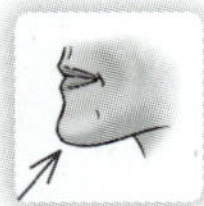

Das ist kein Arm.

Das ist kein Mund.

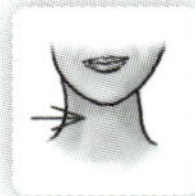

Das ist kein Haar.

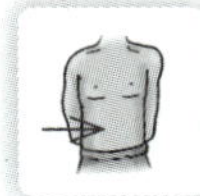

Das ist kein Fuß.

Das ist kein Zahn.

Das ist kein Kinn.

Das ist kein Kopf.

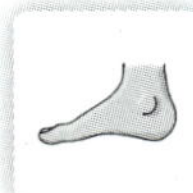

Das ist keine Hand.

Das ist kein Hals.

Das ist kein Ohr.

		9	N	E	U	N					1		
	K						B	L	U	M	E		
	O	H	R		H						I		
	P		O		O		F		S		N		
	F		T	-	S	H	I	R	T		S		A
					E		N		R				U
	U			Z			G		U				G
	H		J	A	C	K	E		M	Ü	T	Z	E
	R			H			R		P				
		K	I	N	N			5	F	Ü	N	F	

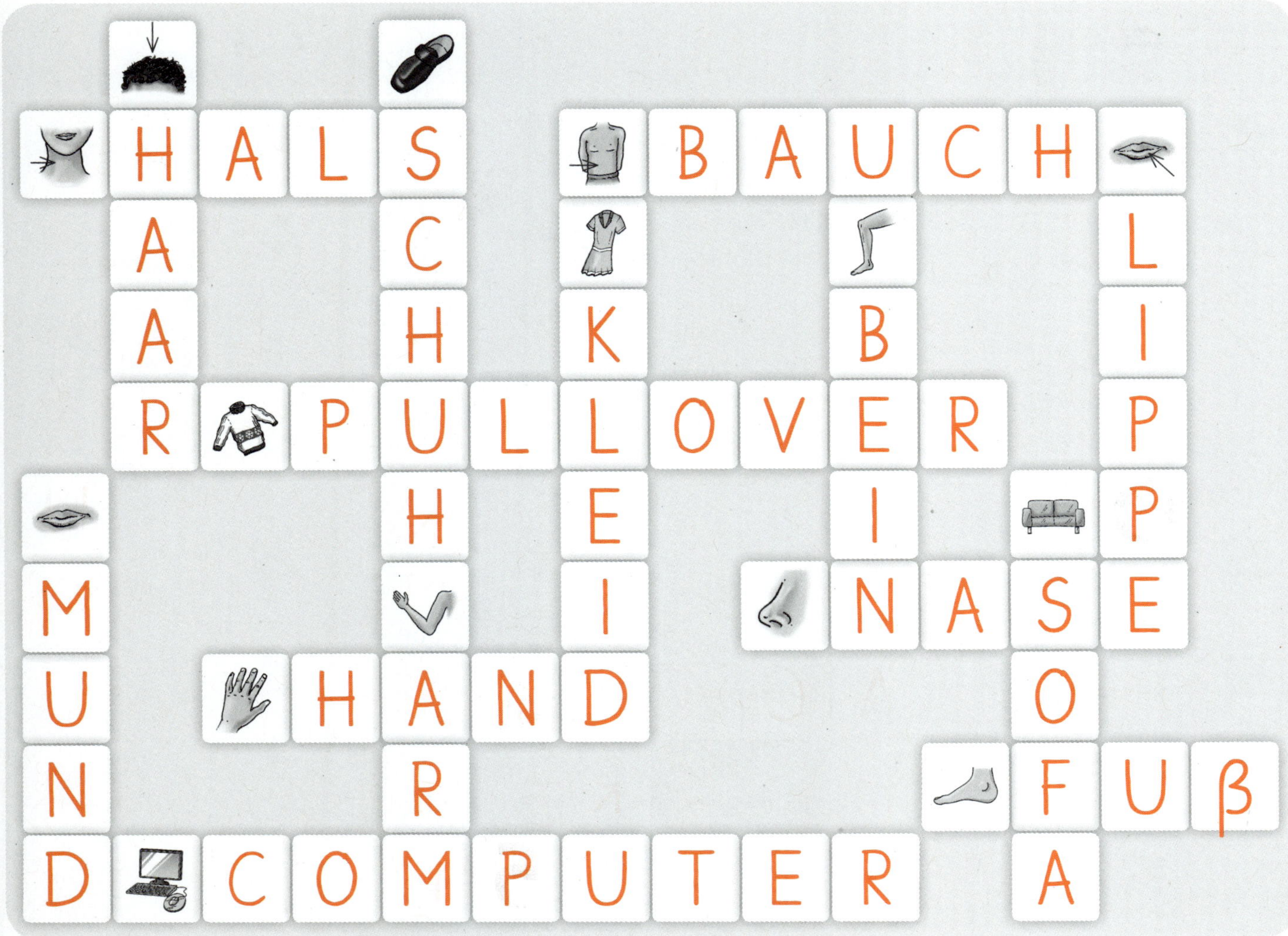
HALS
BAUCH
HAAR
SCHUH
KLEID
BEIN
LIPPE
PULLOVER
MUND
NASE
SOFA
ARM
HAND
FUß
COMPUTER

Schule

der Kleber,
die Kleber

der Pinsel,
die Pinsel

der Stift,
die Stifte

die Schere,
die Scheren

die Tasche,
die Taschen

das Heft,
die Hefte

das Buch,
die Bücher

das Lineal,
die Lineale

Klassenraum

der Tisch,
die Tische

der Stuhl,
die Stühle

der Computer,
die Computer

die Tür,
die Türen

die Tafel,
die Tafeln

das Fenster,
die Fenster

das Regal,
die Regale

das Bild,
die Bilder

Zahlen

1 eins

2 zwei

3 drei

4 vier

5 fünf

6 sechs

7 sieben

8 acht

9 neun

10 zehn

Kleidung

der Schuh,
die Schuhe

der Pullover,
die Pullover

der Strumpf,
die Strümpfe

die Hose,
die Hosen

die Jacke,
die Jacken

die Mütze,
die Mützen

das Kleid,
die Kleider

das T-Shirt,
die T-Shirts

Zimmer

 der Schrank, die Schränke

 der Teppich, die Teppiche

 die Lampe, die Lampen

 die Uhr, die Uhren

 die Blume, die Blumen

 das Bett, die Betten

 das Sofa, die Sofas

 das Kissen, die Kissen

Farben

rot

orange

gelb

grün

blau

braun

weiß

schwarz

Körper

 der Kopf, die Köpfe

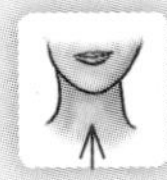 der Hals, die Hälse

 der Finger, die Finger

 der Arm, die Arme

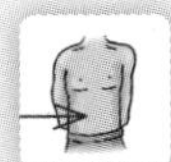 der Bauch, die Bäuche

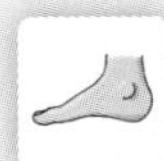 der Fuß, die Füße

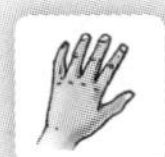 die Hand, die Hände

 das Bein, die Beine

Gesicht

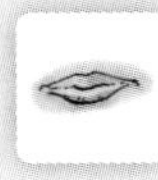 der Mund, die Münder

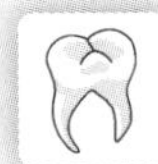 der Zahn, die Zähne

 die Nase, die Nasen

 die Lippe, die Lippen

 das Haar, die Haare

 das Ohr, die Ohren

 das Auge, die Augen

 das Kinn, die Kinne

Bestimmte Artikel

ab Seite 1

Der, die, das sind Artikel.

Fast alle Nomen haben einen Artikel.

Die Zuordnung der Artikel ist nicht regelhaft.

Lerne deshalb die Artikel mit den Nomen mit.

Die Farben können dir dabei helfen.

Unbestimmte Artikel

ab Seite 22

Es gibt nur zwei unbestimmte Artikel (ein, eine).

der Tisch - ein Tisch

die Uhr - eine Uhr

das Bild - ein Bild

Verneinungen mit kein / keine

ab Seite 42

Die Endungen bei „ein / kein“ und „eine / keine“ sind gleich.

Das ist ein Tisch / kein Tisch.

Das ist eine Uhr / keine Uhr.

Das ist ein Buch / kein Buch.

Das ist kein Tisch.